Libro de Oraciones
LETRA GRANDE

con el rito
de la administración
de la comunión a los enfermos

ALBA·HOUSE NEW·YORK

SOCIETY OF ST. PAUL, 2187 VICTORY BLVD., STATEN ISLAND, NEW YORK 10314

El anexo indestructible y constante que nos lleva a Dios es la oración — la que puede portarnos a El para que nosotros podemos adorarlo, solicitarlo, darle gracias y pedirle perdón.

Esto libro pequeño de oraciones fue preparado con la intención de ayudarles a volver sus pensamientos a Dios y de informarles que están en los pensamientos y oraciones de muchos.

Padre Jerome Duesman
Sarah Watson Pendergast

Con aprobación eclesiástica

© Copyright 1994

INDICE

La Señal de la Cruz 5
El Credo Apostólico 5
El Padre Nuestro 6
El Ave María 7
El Gloria al Padre 7
Oración para Ofrecer el Día 8
Acto de Fe 8
Acto de Esperanza 9
Acto de Caridad 10
Acto de Contrición 10
Al Angel Custodio 12
El Angel del Señor 12
Para el Tiempo de Pascua 13
Por la Mañana 15
Antes y Después de las Comidas 15
Por el Papa 16
Para Pasar Bien el Día 16
Oración al Espíritu Santo 17
Para Antes de la Comunión 19
Acto de fe y de adoración 19
Acto de deseo 19
Acto de Consagración 20
Rito de la Administración de la
   Comunión a los Enfermos por
   un Ministro Extraordinario 20

Después de la Comunión 26
Alma de Cristo 26
Después de la Comunión 27
Oración a Jesús Crucificado 28
Oración al Sagrado Corazón de Jesús 29
Oración de San Bernardo 32
La Salve 33
Plegarias a María 35
Oración a Nuestra Señora del
   Perpetuo Socorro 35
Magníficat 37
Ofrecimiento de S. Ignacio De Loyola 39
Para Implorar la Salud 39
Para Aceptar La Voluntad de Dios 40
Oración por los Fieles Difuntos 41
Oración al Corazón de Jesús por los
   Moribundos 42
Aceptación de la Muerte 43
Salmo 23 43
Oración por la Paz 44
Oración de San Francisco de Asís 45
Salmo 71 46
Oración de la Noche 47

LA SEÑAL DE LA CRUZ

En el nombre del Padre y del Hijo y del Espíritu Santo. Amén.

EL CREDO APOSTOLICO

Creo en Dios, Padre todopoderoso, Creador del cielo y de la tierra. Creo en Jesucristo, su único Hijo, nuestro Señor, que fue concebido por obra y gracia del Espíritu Santo, nació de Santa María Virgen, padeció bajo el poder de Poncio Pilato, fue crucificado, muerto y sepultado, descendió a los infiernos, al tercer día resucitó de entre los muertos, subió a los cielos y está sentado a la derecha de Dios, Padre todopoderoso.

Desde allí ha de venir a juzgar a vivos y muertos. Creo en el Espíritu Santo; la santa Iglesia católica, la comunión de los santos, el perdón de los pecados, la resurrección de la carne y la vida eterna. Amén.

EL PADRE NUESTRO

Padre nuestro, que estás en el cielo, santificado sea tu nombre; venga a nosotros tu reino; hágase tu voluntad en la tierra como en el cielo. Danos hoy nuestro pan de cada día; perdona nuestras ofensas, como también nosotros perdonamos a los que nos ofenden; no nos dejes caer en la tentación, y líbranos del mal. Porque tuyo es el reino, tuyo es el poder y la gloria por siempre, Señor. Amén.

EL AVE MARIA

Dios te salve María, llena eres de gracia, el Señor es contigo, bendita tú eres entre todas las mujeres, y bendito es el fruto de tu vientre, Jesús.
Santa María, Madre de Dios, ruega por nosotros pecadores, ahora y en la hora de nuestra muerte. Amén.

EL GLORIA AL PADRE

Gloria al Padre, y al Hijo y al Espíritu Santo. Como era en el principio, ahora y siempre, por los siglos de los siglos. Amén.

ORACION PARA OFRECER EL DIA

Corazón Divino de Jesús, te ofrezco por medio del Inmaculado Corazón de María, Madre de la Iglesia, en unión al Sacrificio Eucarístico: mis oraciones y acciones, alegrías y sufrimientos de este día, en reparación de los pecados y para la salvación de todos los hombres, y según las intenciones especiales del Papa, en la gracia del Espíritu Santo, para gloria de Dios Padre. Amén.

ACTO DE FE

Dios mío, creo firmemente cuanto Tú, verdad infalible, has

revelado y la santa Iglesia nos propone para creer. Y expresamente creo en ti, único y verdadero Dios, en tres Personas iguales y distintas, Padre, Hijo y Espíritu Santo, y en tu Hijo encarnado y muerto por nosotros, Jesucristo, el cual dará a cada uno, según sus méritos, el premio o la pena eterna. Conforme a esta fe quiero vivir siempre. Señor, aumenta mi fe. Amén.

ACTO DE ESPERANZA

Dios mío, espero de tu bondad, por tus promesas y por los méritos de Jesucristo, nuestro Salvador, la vida eterna y las gracias necesarias para merecerla con las buenas obras, que debo y quiero hacer. Señor, que goce yo de ti eternamente. Amén.

ACTO DE CARIDAD

Dios mío, te amo, con todo mi corazón y sobre todas las cosas, porque eres el bien infinito y nuestra eterna felicidad y por amor tuyo amo a mi prójimo como a mí mismo y perdono las ofensas recibidas. Señor, haz que te ame cada día más. Amén.

ACTO DE CONTRICION

Señor mío Jesucristo, Dios y hombre verdadero, Creador, Padre y Redentor mío, por ser

Tú quien eres, y porque te amo sobre todas las cosas, me pesa de todo corazón haberte ofendido; propongo firmemente nunca más pecar, y apartarme de todas las ocasiones de ofenderte, confesarme y cumplir la penitencia que me fuera impuesta. Ofrezco mi vida, obras y trabajos, en satisfacción de todos mis pecados, y confío en tu bondad y misericordia infinita, me los perdonaras por los merecimientos de tu preciosísima sangre, pasión y muerte, y me daras gracia para enmendarmc, y para perseverar en tu santo servicio hasta el fin de mi vida. Amén.

AL ANGEL CUSTODIO

Angel de Dios, que eres mi custodio, ya que la piedad celeste me ha encomendado a ti, ilumíname, guárdame, guíame y gobiérname. Amén.

EL ANGEL DEL SEÑOR

El Angel del Señor anunció a María.
Y Ella concibió por obra del Espíritu Santo.
Dios te salve, María. . . .
He aquí la esclava del Señor.
Hágase en mí según tu palabra.
Dios te salve, María....
Y el Verbo se hizo carne.
Y habitó entre nosotros.
Dios te salve, María....

Ruega por nosotros, santa madre de Dios.
Para que seamos dignos de las promesas de Jesucristo.
Oremos. Te pedimos, Señor, que infundas tu gracia en nuestras almas para que, como por el anuncio del Angel conocimos la Encarnación de Cristo, tu Hijo, así, por su pasión y cruz alcancemos la gloria de la resurrección. Por el mismo Cristo, nuestro Señor. Amén.
Gloria al Padre....

PARA EL TIEMPO DE PASCUA

Reina del cielo, alégrate, aleluya.

Pues Aquel a quien mereciste engendrar, aleluya.
Resucitó como lo había dicho, aleluya.
Ruega a Dios por nosotros, aleluya.
Goza y alégrate, Virgen María, aleluya.
Porque verdaderamente ha resucitado el Señor, aleluya.
Oremos. Señor, que por la resurrección de tu Hijo, nuestro Señor Jesucristo, te dignaste llenar de alegría al mundo: te suplicamos nos concedas por su Madre, la Virgen María, participar de los gozos de la vida eterna. Por el mismo Cristo, nuestro Señor. Amén.
Gloria al Padre....

POR LA MAÑANA

Te adoro, Dios mío, y te amo de todo corazón; te doy gracias por haberme creado, hecho cristiano y conservado durante la noche. Te ofrezco las acciones del día; haz que sean todas según tu santa voluntad y para tu mayor gloria. Presérvame del pecado y de todo mal. Tu gracia esté siempre conmigo y con todos mis seres queridos. Amén.

ANTES Y DESPUES DE LAS COMIDAS

Bendice, Señor, a nosotros y al alimento que tomaremos, para perseverar en tu santo servicio. Amén.

Te damos gracias, Señor, por el alimento que nos has dado. Haz que nos sirvamos de él para nuestro bien. Amén.

POR EL PAPA

Señor, ampara con tu protección, a nuestro Santo Padre el Papa, sé su luz, su fuerza y su consuelo. Amén.

PARA PASAR BIEN EL DIA

Querida y tierna Madre mía, María, ampárame; cuida de mi inteligencia, de mi corazón, de mis sentidos, para que nunca cometa el pecado. Santifica mis pensamientos, afectos, palabras y acciones, para que pueda agradar a ti y a tu Jesús y Dios mío, y contigo llegue al Paraíso. Jesús y María, dadme vuestra santa bendición: (*se inclina la cabeza*) En el nombre del Padre, y del Hijo, y del Espíritu Santo. Amén.

ORACION
AL ESPIRITU SANTO

Ven, Espíritu, Creador, visita las almas de tus fieles y llena de la divina gracia los corazones que Tú mismo creaste. Tú eres nuestro consolador, Don del Dios altísimo, fuente viva, fuego, caridad y unción espiritual. Tú derramas sobre nosotros los siete Dones; Tú, el Dedo de la mano de Dios; Tú, el Prometido del Padre; Tú, quien pones en nuestros labios tus palabras. Enciende con tu luz nuestros sentidos; infunde tu amor en nuestros corazones, con tu perpetuo auxilio. Aleja de nosotros al enemigo, danos pronto la paz, para que, siendo Tú nuestro Guia, evitemos todo lo nocivo. Por ti conozcamos al Padre y también al Hijo, y que a ti, Espíritu de entre ambos, creamos en todo tiempo. Gloria al Dios Padre y al Hijo que resucitó de entre los muertos, como también al Espíritu Consolador, por los siglos de los siglos. Amén.

PARA ANTES DE LA COMUNION

ACTO DE FE Y DE ADORACION

Señor mío Jesucristo, yo creo con toda el alma que tu estás realmente presente en el Santísimo Sacramento del altar, en Cuerpo, Sangre, Alma y Divinidad. Yo te adoro y te reconozco por mi Creador, Señor, Redentor y por mi sumo y único bien. Amén.

ACTO DE DESEO

Señor, yo deseo ardientemente que vengas a mi alma para que la santifiques y la hagas toda tuya por amor, de tal manera que no se separe ya más de ti, mas viva siempre en tu gracia. Amén.

ACTO DE CONSAGRACION

O Sagrado Corazón de Jesús, por haberte dado todo a mí yo me doy todo a ti: te ofrezco mi corazón y mi alma, te consagro toda mi vida y quiero ser tuyo por toda la eternidad. Amén.

RITO DE LA ADMINISTRACION DE LA COMUNION A LOS ENFERMOS POR UN MINISTRO EXTRAORDINARIO

ENTRADA

V. Paz en esta casa y en todos los que en ella viven.

RITO PENITENCIAL

V. Hermanos y hermanas, al prepararnos para esta celebración, reconozcamos nuestros pecados (pausa)

R. Yo confieso ante Dios todopoderoso
y ante ustedes hermanos,
que he pecado mucho
de pensamiento, palabra, obra y omisión
Por mi culpa, por mi culpa, por mi gran culpa.
Por eso ruego a santa María, siempre Virgen,
a los ángeles, a los santos
y a ustedes hermanos,
que intercedan por mí ante Dios, nuestro Señor.

V. Dios todopoderoso tenga

misericordia de nosotros, perdone nuestros pecados y nos lleve a la vida eterna.

R. Amén.

LECTURA DE LA PALABRA
Juan (6:54-58)

El que come mi cuerpo y bebe mi sangre, tiene vida eterna; y yo lo resucitaré en el último día último. Porque mi cuerpo es verdadera comida, y mi sangre verdadera bebida. El que come mi cuerpo y bebe mi sangre, vive unido a mí, y yo vivo unido a él. El Padre, que me ha enviado, tiene vida, y yo vivo por él; de la misma manera, el que se alimenta de mí, vivirá por mí. Hablo del pan que ha bajado del cielo. Este pan no es como el maná que comieron los antepasados de ustedes, que a pesar de haberlo comido murieron; el que come de este pan, vivirá para siempre.

O bien: (Juan 14:6)

Yo soy el camino, la verdad y la vida. Solamente por mí se puede llegar al Padre.

O bien: (Juan 14:23)

El que me ama, hace caso de mi palabra; y mi Padre lo amará, y mi Padre y yo vendremos a vivir con él.

LA SANTA COMUNION

V. Juntos oremos al Padre con las palabras que Jesús nos enseñó.

R. Padre nuestro, que estás en

el cielo, santificado sea tu nombre;
venga a nosotros tu reino;
hágase tu voluntad en la tierra como en el cielo.
Danos hoy nuestro pan de cada día;
perdona nuestras ofensas, como también nosotros perdonamos
a los que nos ofenden;
no nos dejes caer en la tentación,
y líbranos del mal.

V. Este es el Cordero de Dios que quita los pecados del mundo. Dichosos los llamados a esta cena.

R. Señor, no soy digno de que entres en mi casa, pero una palabra tuya

bastará para sanarme.
V. El cuerpo de Cristo.
R. Amén.
V. Dios todopoderoso y eterno, piadosamente te pedimos que el cuerpo y la sangre de Cristo recibido por nuestros hermanos y hermanas les lleve salud a su mente y a su cuerpo por siempre. Te lo pedimos por nuestro Señor Jesucristo.
R. Amén.
O bien: Padre, al alimentarnos con este Pan de vida, te pedimos nos llenes de tu espíritu, y hagas de nosotros uno en paz y amor. Te lo pedimos por nuestro Señor Jesucristo.
R. Amén.

CONCLUSION

V. Que el Señor nos bendiga, nos proteja del demonio y nos lleve a la vida eterna.

R. Amén.

O bien: La bendición de Dios todopoderoso, Padre, Hijo y Espíritu Santo.

R. Amén.

O bien: La bendición de Dios Todopoderoso, Padre, Hijo y Espíritu Santo.

R. Amén.

DESPUES DE LA COMUNION

ALMA DE CRISTO

Alma de Cristo, santifícame.
Cuerpo de Cristo, sálvame.
Sangre de Cristo, embriágame.

Agua del Costado de Cristo, lávame.
Pasión de Cristo, confórtame.
Oh buen Jesús, óyeme.
Dentro de tus llagas, escóndeme.
No permitas que me aparte de ti.
Del maligno enemigo defiéndeme.
En la hora de mi muerte llámame
Y mándame ir a ti.
Para que con tus santos te alabe
Por los siglos de los siglos.
Amén.

DESPUES DE LA COMUNION

Señor mío Jesucristo, yo creo que Tú estás realmente en mí, con tu Cuerpo, Sangre, Alma y Divinidad, y humillado en mi

nada te adoro profundamente como mi Dios y Señor.
Señor, siendo así que haz venido a mi alma, haz que yo no te abandone por el pecado, mas permaneced conmigo siempre con tu gracia; los espero por tu bondad y misericordia. Amén.

ORACION A JESUS CRUCIFICADO

Heme aquí, ¡oh mi amado y dulcísimo Jesús! que postrado ante tu santísima presencia, te ruego con el más ardiente fervor que imprimes en mi corazón sentimientos de fe, esperanza y caridad, verdadero dolor de mis pecados, y el propósito de nunca más ofenderte, entre tanto que yo, lleno de amor y compasión, voy considerando tus cinco llagas, teniendo presente aquellas palabras que de ti dijo ¡oh Buen Jésus mío! el santo profeta David: "Taladraron mis manos y mis pies y se pueden contar todos mis huesos." (Sal 21:17-18)

ORACION AL SAGRADO CORAZON DE JESUS

Señor Jesucristo, que dijiste, "pide y recibirás, busca y encontrarás": mírame postrado ante tus divinos pies con una fe viva y llena de confianza en estas promesas, dictadas por tu Sagrado Corazón y pronunciadas por tus labios. Vengo a suplicarte (*aquí se pide la gracia que se desee*). ¿A quién puedo dirigirme si no a ti, cuyo corazón es una fuente inagotable de toda clase de gracias y méritos? ¿Dónde buscaré sino en el tesoro que contiene la riqueza de tu clemencia y generosidad? ¿Dónde llamar sino a la puerta por donde vamos a Dios?

A ti, pues, ¡oh Divino Corazón de Jesús! recurro; en ti encuentro consuelo en mis aflicciones, protección cuando soy perseguido, fuerzas cuando estoy abatido con grandes pruebas, y luz en mis dudas y tinieblas. Creo firmemente, Jesús mío, que puedes derramar sobre mí la gracia que imploro aunque para esto fuese necesario un milagro. Sólo tienes que desearlo y mi ruego será concedido. Reconozco, Jesús mío, que no soy digno de tus favores, pero esto no es motivo para desanimarme. Tú eres el Dios de las compasiones y no rechazarás el corazón contrito y humillado que llegue a ti con confianza. Yo imploro de tu compasivo corazón que encuentres en mis miserias y flaquezas un motivo justificado para concederme mi petición. ¡Oh Sagrado Corazón de Jesús!

cualquiera que sea vuestra decisión con referencia a mi súplica no cesaré de adorarte, alabarte, amarte y servirte toda mi vida. Sírvete Señor, aceptar este acto de perfecta sumisión a los decretos de vuestro adorable Corazón, el cual deseo sinceramente ver obedecido y honrado por mí y por todas tus criaturas. Amén.

ORACION DE SAN BERNARDO

Acuérdate, oh piadosísima Virgen María, que jamás se oyó

decir que ninguno de los que han acudido a tu protección, implorando tu asistencia y reclamando tu auxilio, haya sido abandonado de ti. Animado con esta confianza, también, yo acudo a ti, oh Virgen, Madre de las vírgenes, y, aunque gimiendo bajo el peso de nuestros pecados, nos atrevemos a presentarnos ante tu presencia soberana. No desoigas, oh Madre de Dios, nuestras súplicas; antes bien, escúchalas propicia y dígnate acogerlas favorablemente. Amén.

LA SALVE

Dios te salve, Reina y Madre de misericordia, vida, dulzura y esperanza nuestra, Dios te salve. A ti llamamos, los desterrados hijos de Eva. A ti suspiramos, gimiendo y llorando en este valle de lágrimas. Ea, pues, Señora, abogada nuestra, vuelve a nosotros esos tus ojos misericordiosos. Y después de este destierro, muéstranos a Jesús, fruto bendito de tu vientre. ¡Oh clementísima! ¡Oh piadosa! ¡Oh dulce Virgen María!

V. Ruega por nosotros, Santa Madre de Dios.

R. Para que seamos dignos de alcanzar las promesas de Nuestro Señor Jesucristo. Amén.

PLEGARIAS A MARIA

Bajo tu amparo nos acogemos. ¡Oh Santa Madre de Dios! No desprecies las oraciones que te dirigimos; antes bien, líbranos de todo peligro. ¡Oh Virgen gloriosa y bendita!

ORACION
A NUESTRA SEÑORA
DEL PERPETUO SOCORRO

¡Oh Madre del Perpetuo Socorro! Tú, que eres la dispensadora de las gracias todas que nos concede Dios, y a quien tanto poder el Señor ha otorgado; Tú, que eres tan benévola y espléndida, socórrenos en nuestras miserias. Tú, que eres abogada del pecador, y sobre todo de los más desgraciados y que se hallan en mayor abandono cuando a ti acuden, ven en mi auxilio, pues a tu misericordia me acojo. A ti entrego mi alma, entre tus manos encomiendo mi espíritu y mi salvación eterna. Ponme en el número de tus siervos más fieles, colócame bajo tu protección, y esto me basta. Si me otorgas tu auxilio, nada temeré: ni mis pecados, porque tú me alcanzarás el perdón; ni a los demonios, porque eres más poderosa que el mismo infierno; ni aun a Jesús, mi Juez, porque ante tus ruegos depondrá su justicia. Una sola cosa temo, y es que

por negligencia de mi parte
deje de encomendarme
a ti, y que de este modo
llegue a perderme.
Alcánzame, Señora, el perdón
de mis pecados, el amar a
Jesús, la perseverancia final y
la gracia de acudir siempre a ti,
¡oh Madre del Perpetuo
Socorro! Amen.

MAGNIFICAT

Glorifica mi alma al Señor, y
mi espíritu se llena de gozo al
contemplar la bondad de Dios,
mi Salvador.
Porque ha puesto la mirada en
la humilde sierva suya; y he
aquí el motivo por qué me
tendrán por dichosa y feliz

todas las generaciones.
Pues ha hecho en mi favor cosas grandes y maravillosas el que es Todopoderoso, y su nombre infinitamente santo.
Cuya misericordia se extiende, de generación en generación, a todos cuantos le temen.
Extendió el brazo de su poder, y disipó el orgullo de los soberbios trastornando sus designios.
Desposeyó a los poderosos y elevó a los humildes.
A los necesitados llenó de bienes y a los ricos los dejó sin cosa alguna.
Exaltó a Israel su siervo, acordándose de él por su gran misericordia y bondad.
Así como lo había prometido a

nuestros padres, a Abraham y toda su descendencia, por los siglos de los siglos. Amén.

OFRECIMIENTO DE S. IGNACIO DE LOYOLA

Toma Señor, recibe mi libertad, mi memoria, mi entendimiento, y toda mi voluntad; todo mi haber y mi poseer. Tú me lo diste; a ti, Señor, lo devuelvo. Todo es tuyo; dispón, según tu voluntad. Dame tu amor y tu gracia, que me basta. Amén.

PARA IMPLORAR LA SALUD

Dios todopoderoso, dador de la salud y remedio de todos los males, concédeme tal seguridad de tu presencia en mí que pueda tener plena confianza en ti, a fin de que, envuelto en tu amor y en tu poder, pueda recibir la salud y la sanación, según tu libre voluntad. En medio de mis sufrimientos pongo en ti mi confianza. Amén.

PARA ACEPTAR LA VOLUNTAD DE DIOS

Cúmplase en mí tu voluntad, Señor. Amo la vida que Tú me das y quiero gastarla en tu servicio. Quiero sanar para bendecir tu nombre entre los hermanos.

Concédeme esperar sereno, agradecer a los que me cuidan, purificar el corazón para amar más. Y brille la esperanza del gozo sin fin en todos los días de mi vida, que pongo en tus manos. Amén.

ORACION POR LOS FIELES DIFUNTOS

¡Oh Dios mío, que das el perdón y deseas la salvación de todos los hombres! Imploramos tu clemencia para que a todos los hermanos de nuestra familia, parientes, bienhechores y amigos, que han salido de esta vida, y a todas las almas del purgatorio, por intercesión de la bienaventurada Virgen María y de todos los santos, les concedas entrar en la región de la perpetua bienaventuranza.

Por nuestro Señor Jesucristo. Amén.
Dales Señor el descanso eterno y brille para ellos la luz perpetua.
Que descansen en paz. Amén.

ORACION AL CORAZON DE JESUS POR LOS MORIBUNDOS

¡Oh clementísimo Jesús, amador de las almas! te ruego, por la agonía de tu Corazón Santísimo, y por los dolores de tu Inmaculada Madre, que laves con tu Sangre a todos los pecadores que están ahora en agonía y que hoy van a morir. Amén.
Corazón agonizante de Jesús.
Tenga compasión de los moribundos.

ACEPTACION DE LA MUERTE

¡Señor y Dios mío! desde ahora acepto de tu mano con ánimo conforme y gustoso, cualquier género de muerte que quieras darme, con todas sus amarguras, penas y dolores. Amén.

SALMO 23

El Señor es mi Pastor, nada me falta. Me hace descansar en verdes pastos. Me guía a arroyos de tranquilas aguas. Me da nuevas fuerzas y me lleva por caminos rectos, haciendo honor a su nombre. Aunque pase por el más oscuro de los valles, no temeré peligro alguno porque Tú,

Señor, estás conmigo. Tu vara y tu bastón me inspiran confianza. Me has preparado un banquete ante los ojos de mis enemigos; has vertido perfume en mi cabeza, y has llenado mi copa a rebosar. Tu bondad y tu amor me acompañan a lo largo de mis días, y en tu casa, oh Señor, por siempre viviré.

ORACION POR LA PAZ

Guíame de la muerte hacia la vida, de la falsedad hacia la verdad.
Guíame del desconsuelo hacia la esperanza, del temor hacia la confianza. Guíame del odio hacia el amor, de la guerra hacia la paz. Permite que la paz

llene nuestros corazones, nuestro mundo, nuestro universo. Amén.

ORACION DE
SAN FRANCISCO DE ASIS

Señor, hazme un instrumento de tu paz.
Donde haya odio, siembre yo amor; donde haya injuria, perdón; donde haya duda, fe; donde haya tristeza, alegría; donde haya desaliento, esperanza; donde haya sombras, luz.
¡Oh, Divino Maestro! que no busque ser consolado, sino consolar; que no busque ser comprendido, sino comprender; porque dando es como

recibimos; perdonando es como
Tú nos perdonas; y muriendo
en ti es como nacemos a la vida
eterna.

SALMO 71

Tú, Señor, eres mi esperanza, y
desde mi juventud he confiado
en ti. Desde el seno de mi
madre me apoyé en ti, y tú me
adoptaste al nacer. Siempre he
sido agradecido contigo.
No me rechaces cuando llego a
la vejez, no me desampares
cuando me fallan las fuerzas.
Oh Dios, me has enseñado
desde mi juventud, y hasta
ahora anuncio tus maravillas.
Dios mío, no me desampares
ahora en mi vejez y ancianidad,

mientras anuncio tu poder a esta generación, y tu valentía a los siglos venideros. Me hiciste pasar muchas pruebas y miserias; pero volverás para darme vida y me harás subir del abismo.

ORACION DE LA NOCHE

Bendito eres, Señor Dios, por el descanso que voy a empezar. Te alabo por el don de este día. Al prepararme para dormir, te pido especialmente por aquellos que se acercan al final de sus días a causa de enfermedades serias o sufrimientos del cuerpo. Concédenos que no sean arrebatados de entre nosotros antes de tiempo. Que el

cuidado que reciben alivie sus dolores, respete sus derechos personales y honre tu voluntad de respecto por la vida humana. Te lo pido por Cristo nuestro Señor. Amén.
Jesús, José y María, os doy el corazón y el alma mía.
Jesús, José y María, asistidme en mi última agonía.
Jesús, José y María, expire en paz con vosotros el alma mía.
Yavé te bendiga y te guarde, Yavé haga resplandecer su rostro sobre ti y te conceda lo que pidas,
vuelva hacia ti su rostro y te dé la paz. (*Números 6, 24-26*)